法政大学人間環境学部・サステイナビリティ・ブックレット－2

13歳からの大学講義

Beyond　SDGs！

法政大学　人間環境学部［編］

公人の友社

巻頭言

誰もが生きていたいと思える社会に

武貞稔彦

この本を手にとった皆さんは、ＳＤＧｓ（持続可能な開発目標）に関心を持っている、あるいは持続可能な社会に関心がある人でしょう。もしかしたら学校の先生に言われて手にした人もいるかもしれません。この本では、法政大学人間環境学部の教員たちが、自分の専門分野のレンズを通してＳＤＧｓや持続可能な社会について語っています。

私たちは、この本を通じてＳＤＧｓを知ることや関心を深めること以上のことを伝えたいと思っています。それは、「みなさんが社会の一員である」ということは、「社会やその未来を作る一員でもある」ということです。

たとえば、みなさんの1日を振り返ってみてください。みなさんの日常にはさまざまな形での〈つながり〉が見つけられるはずです。電車で通学する人は、電車を運行する人々や会社だけではなく、電力を供給している人たちがいることも思い出してみてください。みなさんが食べるものは、どこで誰が作ったものでしょう。たとえば牛肉を食べたら、その牛を育てるためにどこか遠い場所で飼料用に大量の水や土地が使われているかもしれません。環境にやさしい石鹸を使ったら、その石鹸のためにどこか遠い場所で森が切り開かれ、多くの人が農園で働いているかもしれません。

現代社会に暮らす私たちの生活―もしくは生そのもの―は、多くの人々が関わり生産する財（モノ）やサービスで支えられています。また同時にそれら財やサービスを私たちが消費し対価を支払うことで、財やサービスを提供してくれる人々を支えています。そしてその〈つながり〉は国境を越えはるか遠い世界へと広がっています。

財やサービスを介した〈つながり〉だけではなく、お互いの存在やアイデンティティーの尊重、宗教や文化のように見えにくい〈つながり〉もあります。私たちの生活は〈つながり〉によって成り立ち、〈つながり〉の網の目が社会を形作っています。

しかし、私たちは今の社会が持続可能ではないかもしれないとの強い不安を抱いています。気候変動のような国際的な懸念から、感染症のため会いたい人に自由に会えない身近なことまで、何か今までどおりには行かないという思いを抱いています。ＳＤＧｓとはそういう現代の人々の悩みや困りごとが束になっているものです。どこかにそれらの解決を求める人々が―あなた自身も含めて―いるのです。

ＳＤＧｓを通じて社会の課題を知り、考え、悩み、行動し、ＳＤＧｓの実現を目指すことはとても大きな挑戦です。しかし、ＳＤＧｓはあくまで例示に過ぎません。「持続可能な社会の実現」という時の社会は、まさにみなさん自身が誰かとつながりながら生きていく場所や〈つながり〉の総てです。本当に大事なのは、今の〈つながり〉を見つめ直し、自分たちが生きていたい、そして未来世代も含めた他の人にとっても同じように生きていたいと思える社会や未来を作ることへの挑戦です。そのことがみなさんに伝われば良いなと思っています。

【目次】

文化のこと ―カルチャー

❶ SDGsと環境倫理

吉永明弘

Akihiro Yoshinaga

私の研究テーマは「都市の環境倫理」である。この分野の研究者は日本にはほとんどいない。「都市論」の研究者は山ほどいる。「環境倫理」の研究者は数少ないとはいえ存在する。しかし「環境倫理」の研究者はもっぱら自然環境に着目しており、都市を対象にした環境倫理を研究している人はまれである。

ではなぜ私は「都市」に焦点を当てた環境倫理を研究しているのか。第一に、地球環境問題という問題設定は私にとっては大きすぎるテーマで、関心はあっても自分に何ができるか分からなかったからである。第二に、自然破壊には問題を感じるが、では植物や動物が大好きかというと、特段そうでもない（かといって「虫嫌い！」と言う人のように嫌っているわけでもない）ので、生態学や自然保護運動の道に進むほどの強い意欲がなかったからである。

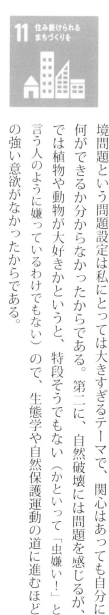

商店街の将来を考えることも環境倫理のテーマ

私は環境問題のどこに問題意識をもっているのか。一言で言えば「好きだった場所が無駄になくなることへの残念感」である。これは「(人間であれ動物であれ)住みかを不当に奪われることへの憤り」へとつながっていく。つまり私は自然問題というよりも社会問題として環境問題をとらえている。

その舞台は私にとっては都市である。ここでの都市とは「第一次産業で生計を立てていない人が多く住む地域」を指す。したがってニューヨークや新宿だけが都市ではない。自分は農村とか漁村に住んでいる、とはっきり言えない人たちは、全員都市に住んでいる、というのが私の理解である。

そして今や世界人口の半数以上は都市に住んでおり、多くの人にとって身近な環境は都市環境である。原生林や里山の保全も大切であり、里山の環境倫理も必要だが、多くの人はそこに住んでいない。私も里山で暮らしたことがなく、先に定義したような都市のなかでずっと暮らしてきた。そこには人工物もあるが、自然もある。都市に自然がないというのは間違いで、樹木もあれば虫もいて、鳥も鳴いている。

それなら都市研究をすればよいのであって、そこに「環境倫理」を持ち出してくるのはなぜなのか、という疑問がわくかもしれない。

高校の『倫理』の教科書では、「環境倫理」として①自然の生存権、

②世代間倫理、③地球全体主義、の三つが取り上げられている。これは倫理学者の加藤尚武が『環境倫理学のすすめ』（丸善、初版は1991年）のなかで提出した枠組みである。

私がこの環境倫理の議論を知ったのは偶然のことだが、そこでは環境問題の構造が大づかみにとらえられており、個別の問題を研究するよりも魅力的に映った。今では個別の事例ごとに違いがあるという当たり前のことを重視しているが、それでも問題を大づかみに把握することは重要であり、環境倫理という分野は他よりもそれができると考えて現在に至っている。

環境に関する現代の大づかみな枠組みといえば、ＳＤＧｓである。その淵源をたどると、「持続可能な開発（Sustainable development）」という考え方に行きあたる。この言葉は一九八七年に「将来の世代のニーズを満たす能力を損なうことなく、今日の世代のニーズを満たすような開発」と定義された。これは環境倫理のなかの②「世代間倫理」の内容に近い。「持続可能な開発」や「世代間倫理」は地球環境保全に関する一般的な考え方だが、個々の都市のあり方を考える際にも通用する。つまり、現在の世代のニーズだけを見て都市計画を行ってはならず、将来の世代のニーズも考えるべきなのだ。

まちづくりのシンポジウムに参加したときに世代間倫理の話をしたらたいへん共感されたという経験がある。環境倫理は議論好きな人たちの抽象的な構築物ではなく、個別の場面で十分に通用する「理念」を生み出している。

《書籍紹介》『はじめて学ぶ環境倫理』吉永明弘、ちくまプリマー新書（２０２１）

❷ 演劇って、なあに？

平野井ちえ子
Chieko Hiranoi

1　演劇に親しもう！

ごく少数の例外を除き、わが国の小中学校・高等学校のカリキュラムに演劇科目は見られない。したがって、生徒たちが学校教育の中で演劇に接する機会は、自ら部活動に臨まない限り、数少ない演劇鑑賞会やワークショップに限られている。筆者自身、平易に書き直されたシェイクスピア劇の物語を英語で読んだり、伝統芸能のモチーフでもある有名な古典の抜粋を読み解いた記憶はあるものの、教室授業で表現としての演劇を意識した経験は全く無い。あくまでテキスト学習の中で偶然に遭遇したもののみである。音楽や美術が芸術実技としてカリキュラムに組み込まれている一方で、総合芸術たる演劇は影の薄い存在になりがちである。

では、演劇を学ぶと何が身につくのか?理想を形にする創造力・精神力、他人の感受性への想像力、そして黄門様の印籠(!)コミュニケーション能力である。昨今「グローバリゼーション」というとすぐに「語学を身につけなければ」という話になるのだが、どんなに外国語の聴解力や会話力を身につけても、それらが実りの多い対話(意思の疎通・相互理解・問題解決)に繋がるとは限らない。異なる価値観に耳を傾け葛藤を乗り越えて協働する姿勢が無ければ、「ダイバーシティ」を認め合う社会は成立しない。演劇学習は、そうした社会性を身につける機会を豊富に提供できる、と筆者は信じている。

2 劇場って、なあに?

読者の皆さんは、「劇場知ってる?」と聞かれてどの様な場所を想像するだろうか?歌舞伎座、東京宝塚劇場、日生劇場、帝国劇場、四季劇場、シアターオーブ等々。さらにこれらとは一線を画した小劇場や公共劇場・ホールの数々。東京には数多くの劇場が集中している。そうした既存の劇場を思い浮かべた方々が多かろうと想像する。

ここで演劇史上画期的な地域における劇場創りの例を紹介しよう。富山県南砺市利賀村には空き家となった合掌造りの家屋があった。それを劇場として再生した演劇人がいたのだ。演出家鈴木忠志である。今でこそ地域への関心が高まっているものの、高度経済成長期には人口・文化の一極集中に異論を唱える声など無かった。鈴木忠志がその活動拠点を早稲田から利賀村に移したのは、まさにそうした風潮の根強い１９７６年のことである。鈴木は、呼吸と重心のコントロールに基づくスズキ・トレーニング・メソッドという世界的に名高い身体訓練法を創始したことで知られ、これまで数多の演劇人が彼の指導を受けに世界各国から利賀村を訪れている。

　利賀村は富山県南西部の豪雪地帯に位置する小さな集落であり、早稲田小劇場の移転まで既存の劇場など存在しなかった。鈴木は当地の合掌造り家屋に着眼し、自らの演劇理念を実践できる新たな劇場空間を築いた。生活の痕跡が残る空間を劇場にする挑戦が始まったのだ。合掌造りは、豪雪地帯の住民の自然と闘う知恵から生まれた屈強な家屋だが、柱と柱の間隔が広く吸い込まれるような陰影を孕んでいる。全国から訪れる観客は、秘境を思わせる険しい山道のドライブを経

相倉合掌造り集落
（2014 年 9 月 1 日、筆者撮影）

利賀芸術公園内の劇場「新利賀山房」
（2018 年 8 月 25 日、筆者撮影）

てこの地に到達し、自らの日常と訣別する。筆者も初めてこの地を訪れた時の感動が忘れられず、本学の教員として何度か学生を引率している。

カテゴリーとは暫定的なものである。劇場の概念もこうした挑戦によって塗り替えられてきたし、これからも発展・拡張していくものと楽しみにしている。

3 結び

世界の有名な演劇祭にエディンバラ・フェスティバルとアヴィニョン・フェスティバルがある。そこでは膨大なプログラムが繰り広げられ、参加する演劇人が互いの作品をゆっくり鑑賞・交流する機会は限られている。一方、利賀フェスティバルでは、各国の演劇人が長期滞在して一つの作品を作り上げる機会も多い。協働で一つの作品を作り上げる作業は、冒頭に述べた創造力・精神力・想像力・コミュニケーション能力の上に成り立つ、真の国際交流の姿ではないだろうか?演劇のこうした本質を見極めることは、教育の現状と地域の誇りを見直す上で大いなる示唆を生み出すことになるだろう。

《書籍紹介》『内角の和Ⅰ・Ⅱ』鈴木忠志、而立書房（２００３）

❸ 多様性と共に生きる

高橋五月
Satsuki Takahashi

多様性って何？

あなたは多様性と聞いて、どのようなものを想像するだろうか。世界各地に住む様々な人種の人びと、もしくは自分が慣れ親しんでいる日常とは違ったかたちで生活をしている人びとのことを思い浮かべるだろうか。もしかしたらあなたは、人間以外の動植物について思いを巡らせるかもしれない。人種の多様性、文化の多様性、生物の多様性、その他にも多様性にはいろいろなカタチがある。では、私たちがすむ世界をより持続可能なものにするために、私たちは多様性とどのように向き合うと良いのか。

まず第一歩としては、自分とは異なる「何か」を持って生きている存在を認めるということが大切なのだと思う。色々な考えがあり、色々な生き方があっていい。こうした多様性に寛容な姿勢が広まれば、世界はもう少し生きやすい場所になるのではないだろうか。しかし文化人類学者の松村圭一郎が指摘するように、そこで立ち止まってしまっては、本当の意味で多様性について向き合っていることにはならない。なぜなら「色々」を認めるだけでは、私は私、あなたはあなた、と線引きをして世界を細分化するだけで終わってしまうから。

ではどうすれば良いのだろうか。私が考えるもう一歩先に踏み込む方法は簡単ではないが、可能であると思う。それは相手の話に耳を傾け、同意しなくてもいいからその人の言っていることについて知ろうとする姿勢を持ち、真剣に考えることだ。こうした対話を重ねることで、個々が細分化した世界から、個々が繋がる世界に変わっていくのではないだろうか。

多様性とわたし

もう一つ、多様性について踏み込んで向き合うために大切なことがある。それは、多様性と「わたし」の繋がりを考えることだ。多様性のことを考えるとき、私たちは自分以外の存在のことを想像しがちである。しかし、多様性と向き合うということは、自分と向き合うことでもある。

私が自分と多様性との関わりについて考えるようになったのは、文化人類学を学びにアメリカの大学院に留学したときだった。ただ、アメリカで私が多様性と「わたし」について考えられるようになった理由は、アメリカが多様性に富む土地だからというわけではなく、文化人類学を学んだことにあると思う。文化人類学とは、多様性で成り立っている世界で人々や人と動物（もしくはモノ）がどのように繋がっているかを問う学問である。渡米前の私は、多様性とは自分の世界とは少し離れたところに存在するものだと思い、身の回りにある多様性に無頓着だったのだ。

私たちはどこに住んでいても、周りの人、動物、ものたちと会話をしたり、触れ合ったり、音を聞いたり、見つめたり、色々な方法で多様性と関わり合いながら「わたし」を形成している。そのことに気づき、思いを巡らせることも多様性と向き合うための大切な一歩なのではないだろうか。

多様性と共生

多様性と共に生きる世界を目指すことと持続可能な世界を目指すことは密接に関わっている。多文化共生、多種共生、そんなきれいごとができるのか?という意見もあるかもしれないが、可能性はある。

ただし、多様性と共に生きる世界の探求には終わりがないということも心に留めておくことが大切だ。ＳＤＧｓにも同じことが言えるだろう。名称に「ゴール」が含まれているので勘違いしてしまいそうだが、持続可能な世界の探求にゴールは永遠に訪れない。問題が深刻すぎるからではなく、常に周りの自然や社会環境の変化に伴って様子を変えながら存在し続けるからだ。そのため、常に探求し続けることが重要なのだ。多様性との共生や持続可能性を実現するために私たちが大切にすべきことは、ゴールの実現を夢見ることではなく、身の回りの「わたし」を含めた様々な繋がりを観察し、対話し、考察し、悩み、行動することを繰り返し続けることなのではないだろうか。

《書籍紹介》
『はみだしの人類学：ともに生きる方法』松村圭一郎、ＮＨＫ出版（２０２０）

❹ 植民地主義と言語

ジャン＝ポール・サルトルと鈴木道彦

竹本研史
Kenji Takemoto

1　サルトルと植民地主義の問題

第二次世界大戦後、フランスの哲学者で作家のジャン＝ポール・サルトル（１９０５－１９８０）は、のちにセネガルの大統領となる詩人レオポルド・セダル・サンゴールが編纂した『ニグロ・マダガスカル新詞華集』（１９４８年）に、「黒いオルフェ」という序文を寄せた。このテクストは、３０００年にわたり非白人に対し一方的に視線を向けてきた白人が、今や黒人から視線を向け返されていると述べ、白人たるフランス人に対し意識を変革するように迫る内容となっている。そこで彼は、黒人たちは、眼差しの向け返しにあたり、自らが黒人であることを自覚し、黒人性、黒人文化の価値を積極的に評価する「ネグリチュード」という概念を対置して自らを解放しようとすると述べる。

だがサルトルは、その解放は簡単ではないという。その理由として、被植民者の人たちの用いる言語の問題を挙げる。被植民者の人たちがいくら解放のために闘争の密議を重ねようとしても、被植民者たちが思考する「母語」としての言語は宗主国の言語である。つまり解放が成功しても、被植民者の人たちは永久に宗主国によって支配されたままであり、その宗主国の言語を通じて支配に抗い続けなければならない。こうしたサルトルの問題提起は、植民地が独立してもなお、その植民地構造が残存し続けるという「ポスト・コロニアニズム」の思想を先取りしたものであると言える。

2 鈴木道彦と在日の問題

では、サルトルの問題提起を私たちに引きつけた場合、自らがまさにいま拠って立っている当のフィールドと文脈において、どのように引き受けるべきだろうか。

ここで鈴木道彦（1929-）という1人の仏文学者を取り上げよう。鈴木は、マルセル・プルーストの小説『失われた時を求めて』の翻訳者として知られているが、一方でサルトルや、アルジェリア独立戦争や黒人解放に力を尽くしたフランツ・ファノンの研究者でもある。プルースト研究者としてそのキャリアをスタートした鈴木が、サルトルを一から読み直す動機となったのが、アルジェリア独立戦争（1954-1962）である。

（アルジェリア独立戦争）殉教者記念塔
夜になると、アルジェリア国旗の色にライトアップされる。
（2019年3月3日、筆者撮影）

彼が1954年から3年余りのパリ留学中に当地でアルジェリアの「民族解放戦線」（FLN）の支持者・関係者らと接触を持ったことが大きく影響している。

また鈴木は、その著書『越境の時――一九六〇年代と在日』（集英社新書、2007年）などで、アルジェリア独立を支持するフランスの知識人たちの行動（「121人宣言」）を目の当たりにして、1960年代初めに自身がアルジェリア戦争について執筆する際、フランスのみならず、翻って自分が日本で同じような状況に直面した際にどうすべきかという問題を突きつけられたと語る。

彼は、フランスとアルジェリアとの関係を日本と朝鮮半島とのそれに重ねつつ、こうした責任のありようを「民族責任」と名付け、意識し始めた。さらに、植民地の状況を認識し、自分が抑圧する民族に属しているという自覚を持つことで、抑圧の共犯者になることを拒否し、この状況を変えようと努めるべきだと説いた。これが後に、小松川事件（1958年）に取り組み、金嬉老事件（1968年）の裁判闘争を8年半にわたり支援するなど、在日の問題に彼が関わるきっかけとなった。彼が関わった在日の人たちもまた、フランスの旧植民地や海外県の人々と同じように、朝鮮語ではなく、彼ら彼女らにとって「母語」となってしまった日本語で、差別に対する苦闘の言葉を吐き続けた。彼ら彼女らの解消し得ない苦悩は、鈴木にとって非常に大きな問題だったのである。

3　ＳＤＧｓを超えて

こうした植民地主義と言語の問題は、ＳＤＧｓの10番目のゴール「人や国の不平等をなくそう」、具体的には10・2のターゲットである「２０３０年までに、年齢、性別、障害、人種、民族、出自、宗教、あるいは経済的地位その他の状況に関わりなく、全ての人々の能力強化及び社会的、経済的及び政治的な包含を促進する」に無理やり当てはめることができるかもしれない。しかし、そのお題目が虚しく響くくらいに、この問題は未解決のままである。サルトルや鈴木道彦が初めてこの問いを投げかけてからすでに多くの歳月が経ったが、今なおＳＤＧｓでは捉えきれない根本的な問いとして、私たちと対峙し続けているのである。

《書籍紹介》
『越境の時―一九六〇年代と在日』鈴木道彦、集英社新書（２００７）

❺ アニミズム的感性とLOHAS（ロハス）

梶　裕史

Hiroshi Kaji

「文化」はＳＤＧｓの根幹

みなさんは「文化」と聞くと、たぶん哲学・思想・歴史・文学・芸術（絵画、音楽、演劇、etc.）などを思い浮かべるだろう。大学の授業で「人文科学」と呼ばれるジャンルにあたる。そして、自然科学や社会科学に比べて、人文科学はＳＤＧｓには関わりが薄いのではないか、という印象を持たれる人も多いかもしれない。しかし、エコな（≒持続可能性が豊かな）暮らしをめざすとき、広い意味での「文化」はきわめて大切である。「文化もＳＤＧｓに役立つ」どころか、「文化はＳＤＧｓの根本」といえるほどだ。なぜなら、持続可能な社会をめざす土台となる私たち人間の価値観・幸福感は「文化」に属するものだからだ。どんな社会が良い社会なのか、何を幸せとして生きるのか？　という心の根幹となる前提がなければ、それを実現する政策も、そのために必要な技術開発も生まれない。

「広い意味での文化」とは、「人間の生活様式の全体。人類がみずからの手で築き上げてきた有形・無形の成果の総体」（『大辞泉』）を指す。そしてＳＤＧｓの17目標のうち、文化との関わりがまとめて書かれているのは目標４（教育）の中のターゲット７で、「持続可能なライフスタイル」「文化多様性」などがキーワードになっている。

アニミズム的感性をLOHAS（ロハス）に活かす

私は、持続可能な社会やライフスタイルと適性が豊かな日本人の伝統的な感性を、「アニミズム的感性」ととらえている。アニミズムとは、（有形・無形を超えて）あらゆるものに「霊魂」（＝不可視の、生命のみなもと）が宿り、互いに交流し合うというものの見方である。日本人は外来文化、宗教（仏教など）もこのアニミズム的感性を活かして自分たちに合うように受容してきた。つぎの図は、仮

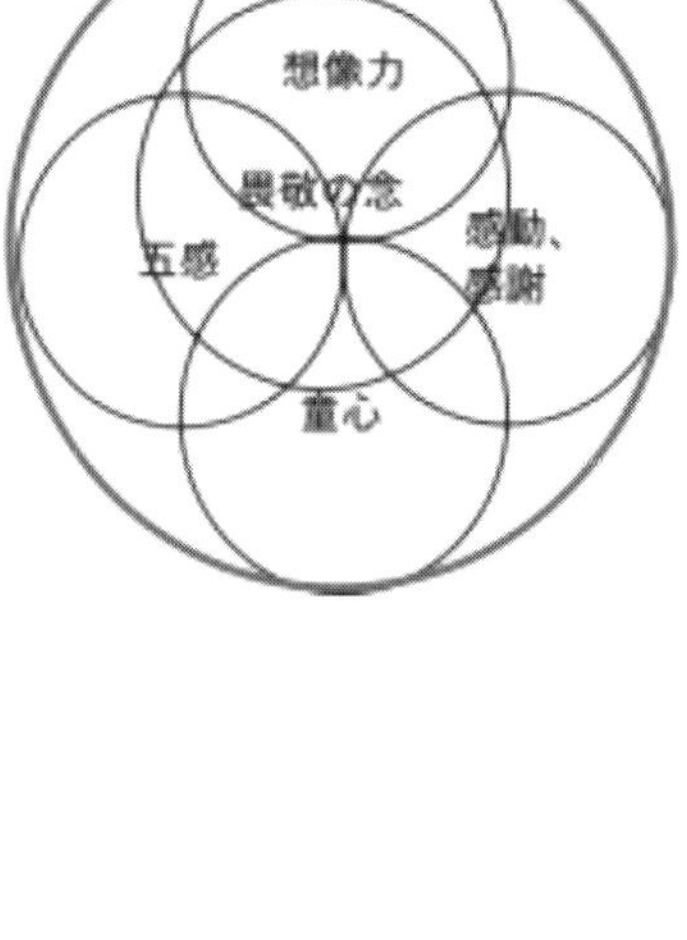

にこの感性を、現代のことばで分類してみるとこのようになるだろう、という図だと思ってほしい。大切なのは、分類といってもそれぞれバラバラではなく、オリンピックの五輪のように有機的につながり合い、親戚同士のように関連しあうということだ。

「想像力」は、目にみえる有形物を、目に見えない無形のものと重ねて「心のレンズ」で豊かに感受するためのベースとなる。「畏敬の念」は、日本人の自然観を表すキーワードで、自然の恵みや人間関係の絆のおかげで自分が生かされていることへの「感動・感謝」の気持ともつながる。「童心」は、レイチェル・カーソンの名著『センス・オブ・ワンダー』の土台となるもので、豊かな想像力と不可分である。「視覚偏重社会」（視覚に頼りすぎの社会）といわれる現状を省みて、子供の頃から五感豊かな日常生活体験を重ね、伝統的なアニミズム的感性を活かした幸福感・価値観を培うことが、LOHAS（＝健康で持続可能なライフスタイル）の実現を導く。

《書籍紹介》
「文化的景観」の特質と可能性：『フィールドから考える地域環境』梶裕史、ミネルヴァ書房（２０２１、第2版）

科学のこと――サイエンス

❻ 宇宙人が見ているかも？住みよい地球を維持するために

松本倫明

Tomoaki Matsumoto

系外惑星を探す。生命を探す

夜空に見える数多くの星々のほとんどは、太陽のような恒星である。地球は太陽の周りを回る惑星であるが、夜空の星々の周りにも惑星は存在するだろうか。もし夜空の星の周りに惑星が存在していたとしても、その星は光って見えるが、周りの惑星は光が弱くて見えない。見えない惑星はどんな姿をしているだろうか。その惑星には生命はいるだろうか。生命がいたとして、それは植物のように静止した生き物だろうか。それとも動物のように動き回る生き物だろうか。

夜空の星の周りの惑星のように、太陽系外に存在する惑星を系外惑星と呼ぶ。現代の天文学では系外惑星の研究が活発に行われている。太陽のような恒星の周りに系外惑星がはじめて見つかったのは１９９５年である。発見されたのはペガサス座51番星という恒星の周りを公転するペガサス座51番星ｂという惑星である。この惑星は地球のような岩石惑星ではなく、木星のような巨大なガス惑星で、しかも恒星からとても近いところを公転しており、とても生命がいるとは思えない惑星だった。

　その後も系外惑星の探査は続けられ、系外惑星のための宇宙望遠鏡であるケプラー衛星とテス衛星の活躍もあって、この原稿を執筆している時点で約４５００個以上の系外惑星が発見されている。発見された系外惑星の中には、地球と同じくらいの大きさで、恒星との距離もほどよく、生命が生存可能な惑星がいくつか見つかってきた。系外惑星に生命の存在を調べるためには、実際にその惑星に行く必要はない。惑星の大気が放射する光や赤外線を調べると、その大気の組成がわかるのだ。たとえば地球の大気からの光や赤外線を大気圏外から調べると、大気にオゾンや水、二酸化炭素があることがわかる。オゾンO_3は酸素O_2が変化したもので、オゾンの存在は大気に酸素があることを示す。酸素の存在は光合成をする生物の存在を示すのだ。系外惑星の大気を観測してその組成を調べるためには、新しい観測装置が必要になるが、近い将来、系外惑星の生命の存在を調べる研究が実現するだろう。

系外惑星の住人がわれわれを見る

われわれが系外惑星をのぞくとき、系外惑星もまたこちらをのぞいている。または、のぞいている可能性がある。系外惑星の住人が、われわれと同じように生命の存在を求めて地球を観測したとき、地球は彼らの目にどのように映るだろうか。系外惑星の住人が地球の大気を調べると、地球大気にオゾン、水、そして二酸化炭素があることを知る。系外惑星の住人は、「地球人は二酸化炭素が増えすぎて苦労しているな」と思うだろうか。

現在の地球は大気中の二酸化炭素の増加により、地球温暖化が進行している。とくに20世紀後半からの温暖化の進行は急激だ。二酸化炭素の増加をもたらしているものは、人間が出している二酸化炭素だ。その大部分は石油や石炭、天然ガスなどの化石燃料を燃やすことによる。ものを燃やすと二酸化炭素が出ることは、小学校に勉強する当たり前のことであるが、人類はこの当たり前のことで危機に瀕している。化石燃料を産業に利用することを発見してからたかだか250年しか経っていないが、すでにこの方法論が行き詰まっているのだ。化石燃料のエネルギーに基づいた現在の文明を見直し、文明を持続可能にする方法論をあらたに探す必要がある。

話題を系外惑星に戻すと、銀河系内のどこかの系外惑星に人類のような高度な文明を持つ知的生命体（つまり宇宙人）が存在するかもしれない。われわれが出会う（発見する・発見される）ことができる地球外文明の個数は、ドレイク方程式と呼ばれる式で表される。

ドレイク方程式における重要な要因の一つは文明の持続時間である。文明の持続時間が長いと他の文明に発見される確率は上がるが、文明の持続時間が短いと確率は下がる。発見される前に文明が滅んでしまうからだ。もちろん、われわれの文明を持続可能にする目的は地球外知的生命体と出会うためではない。しかし、文明を長い間維持すれば知的生命体と出会えるイベントが待っている。このイベントはとてもワクワクするご褒美だと思う。

《書籍紹介》
『成長の限界 人類の選択』デニス・メドウズ＋ヨルゲン・ランダース、枝廣淳子翻訳、ダイヤモンド社（２００５）

❼

自然災害と地域社会

杉戸信彦

Nobuhiko Sugito

自然環境とは

私たちの生活は大地に根差し、大気や水に囲まれて成り立っている。すなわち地域社会の土台には地形や気候、水循環などの自然環境がある。

こうした自然環境には、台地か低地か、温暖か寒冷か、湿潤か乾燥か、あるいは水利に恵まれるかどうかなど、地域によって個性がある。また、それにはいくつもの要因があり、長い歴史を経て現在のすがたがある。

そのような、さまざまな自然環境の地域的差異とメカニズム、歴史的変遷を、人類とのかかわりあいという視点を大切にしながら理解しようとするアプローチとして、自然地理学の取り組みがある。地域の自然環境がもつ魅力や恩恵、災害などの側面を理解するうえで重要な役割を果たし、地域社会の持続可能性について長期的視点から考える鍵のひとつとなっている。地域の自然環境になじむ社会のあり方とはいったいどのようなものだろうか。

自然災害とは

自然災害について考えてみよう。日本列島は自然災害が多く発生する地域のひとつであり、地震や火山噴火、豪雨、台風などによって災害が繰り返し発生してきた。2011年東北地方太平洋沖地震（東日本大震災を引き起こした地震）や令和元年東日本台風は長期にわたって広範囲に影響を及ぼしている。

自然災害のすがたは、災害をもたらす自然現象（地震や豪雨など）、土地条件（ゆれやすい、低い土地であるなど）、および人間社会の備え（ハード面およびソフト面）のかけ算で決まる。被害を低減するためには、自然現象および土地条件を理解したうえで備えをすすめる必要があり、過去の災害から学ぶことも重要である。たとえば日本列島では「どこで」「どのくらいの規模の」地震が、長期的にみて「いつ」起きてきたのだろうか。それを踏まえてどのような地域社会を構築すべきだろうか。

地震と活断層

写真1は、マグニチュード（M）8・0を記録した1891年濃尾地震に伴って出現した地表地震断層（地表面に出現したずれ）の様子である。活断層である根尾谷断層がずれ動いて、手前側の土地に対して奥側の土地が大きく隆起し、左横ずれも生じた。現地には地震断層観察館・体験館が整備され、地下の断層面を観察することができる。この地震を契機として地震防災に取り組む震災予防調査会が設置された。

写真1　水鳥（みどり）地区の地表地震断層
（筆者撮影）

M7・3を記録した1995年兵庫県南部地震（阪神・淡路大震災を引き起こした地震）に伴っては、活断層として知られていた野島断層に沿って明瞭な地表地震断層が出現した。その一部は野島断層保存館として整備されている。

私たちは、自然地理学の一分野である地形学のアプローチに基づいて、断層変位地形（断層が繰り返してずれ動くことによって形成される特徴的な地形）を認定することにより、大地震を引き起こす活断層の存在を知ることができる。また断層変位地形の分布や形成過程、地下の堆積物の調査を行うことで、過去の大地震の規模や発生時期を推定することが可能である。このように過去を知って現在を理解することは、将来を考えるベースとな

写真2　諏訪盆地と活断層　（筆者撮影）

る。

日本列島は、地球上で地殻変動がとくに活発な地域である。それゆえに起伏に富む大地が形成され（写真2）、景観や生態系など多くの恵みがある一方、地震災害を繰り返して経験してきた。地震の起こる場所と歴史を地形や堆積物から読み解き、そのうえで人間社会のあり方を考えるという視点は、持続可能な地域社会の構築を目指す鍵のひとつとして重要である。

《書籍紹介》
『日本列島100万年史―大地に刻まれた壮大な物語―』山崎晴雄＋久保純子、講談社ブルーバックス（2017）

❽ 健康づくりで目指す持続可能性

宮川路子
Michiko Miyakawa

持続可能性と健康

　持続可能性について考えるとき、その範囲はありとあらゆる分野に広がっている。私は人の健康も、まさに持続可能性を目指すべきものであると考えている。私の専門は予防医学、つまり病気になることなく、いかに健康に生きていくかを追求する学問である。地球上に生きている人類が〝持続可能〟であるためには、環境問題、エネルギー問題、貧困問題など多岐にわたる問題の解決に向けて取り組まなければならないが、それらの究極の目標は、地球上で生活している私たちが健やかに長寿を全うすることではないだろうか。しかも、ただ長く生きればよいというのではない。人に頼らずに自立して楽しく生きることができる期間、つまり〝健康寿命〟を長くしていくことが大切なのである。

現在、日本人の平均寿命は女性87・74歳、男性81・64歳（２０２０年度）となっており、WHOに加盟している主要48ヵ国中女性1位、男性2位の長寿を誇っている。ただし、この平均寿命には介護が必要な人、寝たきりの人、意識もなく病院のベッドでたくさんの管につながれてただ〝生かされている〟人の命の時間も含まれているのだ。おしゃべりもできず、美味しいものを味わうこともできずに胃ろうから栄養を摂り、おむつをつけて横たわっているだけの状態、これでは真の長寿とは言えないであろう。

楽しみながら生きることができる健康寿命の延伸を目指すためには、まずは生活習慣を正しいものにする必要がある。日本人の死因はがん、心疾患、老衰、脳血管疾患、肺炎が上位を占めている。老衰や肺炎は超高齢社会を反映しているものだが、がん、心疾患、脳血管疾患は不健康な生活習慣が主な原因となっている。つまり、適切な生活習慣を心がければ、寝たきりにつながるような生活習慣病の発症や進行をかなりの割合で抑えることができるのだ。

持続可能性を阻む健康問題

近年若い女性のやせ願望が多くなっているが、無理なダイエットによる低体重や栄養障害、運動不足などが50代以降の健康に影響を与え、骨粗しょう症などによる骨折がきっかけとなって介護が必要な状況を引き起こすことが知られている。また、喫煙や栄養障害、性感染症などにより妊孕性が低下して不妊症が増加し、少子化を助長して国力の低下につながることも懸念されている。母親の栄養不足や高血圧、糖尿病などの生活習慣病は妊娠中胎児に大きい影響を与え、将来こどもの健康障害を引き起こす可能性が示唆されている。特に母親の妊娠中の貧血は子どもの発達障害の原因の一つではないかとも考えられているし、母親の産後うつとの関係も明らかとなってきた。身体は摂取する栄養素でできている。現代人の食事は糖質に偏りがちであることから、健康のためにはタンパク質、ビタミン、ミネラルをしっかりと摂るようにすることが必要だ。

持続可能性実現のために求められること

大げさに思えるかもしれないが、私たち一人一人が今、自分たちの健康づくりに真剣に取り組み、健康寿命を延ばしていくことこそが、持続可能な社会を作り上げていくために必要不可欠であると言えるだろう。

たとえば高齢者の介護についてみてみると、わが国では今でも家族が自宅で介護しているケースが多く、大きな負担となっている。介護休職、介護離職、そして介護による家族崩壊も珍しいことではない。介護を受ける人が90歳以上、そしてその介護は90歳以上の配偶者や高齢となった子ども達が担っているという〝老々介護〟の問題も起きている。介護者が先に亡くなってしまうことすら見受けられる。最近では高齢出産の影響で育児と親の介護が重なってしまったり、10代、20代の若者が家族の介護を行う〝ヤングケアラー〟の問題も深刻化している。介護は社会で担うべきであると言われているが、少子化で介護に携わる人材の確保は難しくなりつつあり、さらに、医療費、介護費の高騰によって働く世代の負担はどんどん増加している。65歳以上の高齢者数は過去最多を更新し、総人口に占める割合は29・1％となった。この数字は２０５０年には4割近くになると予想されている。もはや他人に頼れる時代ではなくなったといえるだろう。高齢になっても自立して生活していけるようにするためには、若いときから健康づくりに取り組んでいくことが求められている。栄養摂取、運動、休養を心がけ、まずは自分自身の持続可能性を目指して日々努力していくことが重要である。

《書籍紹介》
『最後の授業 ぼくの命があるうちに』ランディ・パウシュ＋ジェフリー・ザスロー、矢羽野薫訳、ランダムハウス講談社（２００８）

社会のこと―ソサイエティ

❾ 小さな声、「血の物語」とサステイナビリティ

佐伯英子

Eiko Saeki

私の専門はジェンダーと身体の社会学で、中でも生殖に関する政治を中心に研究を続けている。

しかしそう話すと、このテーマはサステイナビリティとどう関係するのか、と聞かれることが多い。これを読んでいるあなたも、同じ疑問を持っているかもしれない。そうだとしたら、ＳＤＧｓの根本にある考え方が「誰一人として取り残さない」であることを思い出し、ジェンダーの不平等によって多くの人々が取り残されていること、ジェンダー平等のためには性と生殖に関する権利（リプロダクティブライツ）の保証が不可欠であることを考えてみてほしい。生殖に関する政治とサステイナビリティの関係性も、社会変化の必要性も見えてくるのではないだろうか。

このテーマとの出会いは、私がアメリカで大学生活を始めた２０００年の大統

領選挙の頃だった。ニュースでは中絶の権利について熱く討論されていたことに驚き、街では中絶反対派のセンセーショナルなポスターに衝撃を受けた。授業ではリプロダクティブライツについて議論されていたし、会話の中で「日本では中絶の権利は保証されているの？」と聞かれることもあった。身体のこと、特に性や生殖に関しては少なくともパブリックな場では大きな声で語ってはならないと思っていた私の「当たり前」が揺らぐ出会いだった。

中絶反対派は「胎児もひとりの人間だ」と主張することが多いが、そもそも「いのちの始まり」という概念はどう構築されたのだろうかと考え、大学院では近世日本におけるその変遷を研究した。具体的には、胎児や新生児が、産科医療の誕生によりどのように「患者」として医師の目に映るようになったのか、育児書の人気によって親にとっての「子ども」と捉えられるようになったのか、マビキ・堕胎の取り締まりの中で管理または保護すべき「共同体の一員」と見做されたのかを検証した。ここからは胎児や新生児を「患者」「子ども」「共同体の一員」として見る眼差しが顕著になる傾向が見出されたが、同時に人々が単純に胎児や新生児を「人」として捉えた訳ではないこともわかった。生殖には生身の人間の身体が不可欠で、このような一方的な規定は妊娠や出産の可能性がある人々の身体を管理し、自己決定権を阻むものともなるからだ。

現在の私のフィールドは、「胎児の生存権」を規定した憲法修正条項第8条（1983年に制定）を2018年に国民投票で撤廃したアイルランド共和国だ。中絶をめぐる世論形成とそこに関わる人々の語り、ヨーロッパの中でも特に保守的だったこの国の社会変化を、インタビュー調査とテキスト分析から研究している。ここからわかったことの中には、個人の語りが社会変化の原動力のひとつであったということがある。それまで口を閉ざしていた人々が、第８条撤廃運動の中で、自分の経験、苦しみや痛み、時には怒りを語り出したのだった。ＳＮＳ上に匿名の語りの場を作ったエリン・ダーシーはこれをblood stories（血の物語）だと形容した。「血の物語」は極めて個人的で同時に普遍的だ。そして読み手の心を鷲掴みにする。「もしも自分だったら」という想像を促し、それが個人の思考や行動を変えることもある。

サステイナブルな社会を作るためには現状維持ではなく変化が必要である。そして、名も無い個人の語りが変化を作り出しているかもしれないと言ったら、あなたはどう考えるだろうか。どの社会にも「血の物語」は存在し、日本でも性暴力や生理の貧困等について経験や思いが語られるようになってきた。社会学は個人の経験を社会の動きに位置付けて理解し、個人の経験から社会の様相を炙り出す。サステイナブルな社会を作るためには、これまで取りこぼされてきた小さな声に耳を傾け、取り残されていたことすら認知されていなかった人々の存在を可視化することから始める必要があるだろう。

《書籍紹介》『フェミニズムはみんなのもの──情熱の政治学』ベル・フックス、堀田碧訳、エトセトラブックス（２０２０）

⑩ サンゴ礁の国と海面上昇

藤倉　良

Ryo Fujikura

マーシャル諸島共和国

太平洋のほぼ中央を走る日付変更線の西側、赤道近くにマーシャル諸島共和国がある。人口は約６万人。国土面積は１８０平方キロメートルで山手線内側の約３倍という小さな国だ。

この国はサンゴからできた環礁だけから成り立っている。上空から見ると、国土は首飾りのような輪になって海に浮かんでいる（写真１）。平均海抜は２メートルしかない。

世界にはこうした環礁だけから成り立つ国家が他に３つある。太平洋のキリバスとツバル、そして、インド洋のモルジブだ。この４カ国が存亡の危機にある。気候変動に伴う海面上昇だ。最

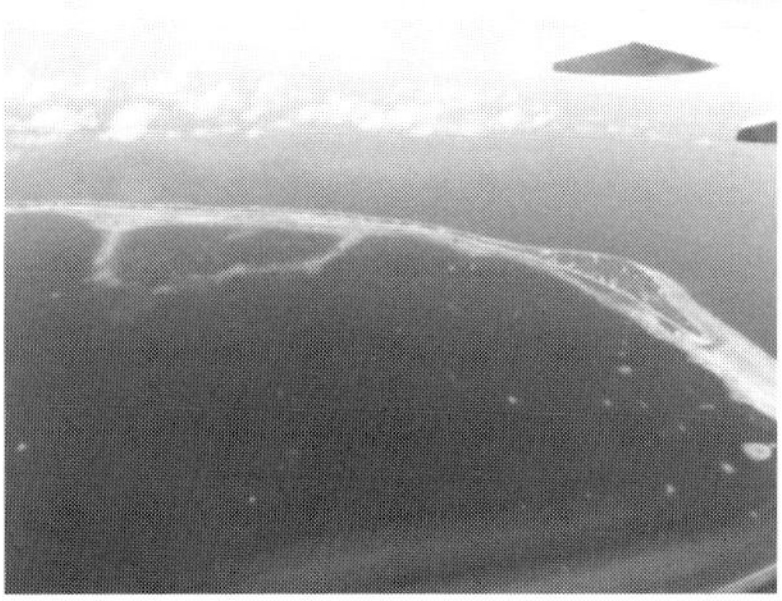

写真１　マーシャル諸島共和国は環礁が国土のすべて（筆者撮影）

写真２　雨水タンク（筆者撮影）

新の研究によれば、地球の平均気温が１・５℃上昇すると最大で97㎝、２℃上昇すれば１１２㎝海面が上昇すると予測されている。これだけ上昇すると、国土の完全水没にまでは至らなくても、生活は難しくなる。地下水に海水が侵入すれば井戸が使えなくなる。高潮の被害も大きくなる。

２０２１年11月にイギリスのグラスゴーで開催された気候変動枠組み条約締約国会議では、ツバルの政府代表者が「ツバルは文字通り沈んでいる。行動が今すぐに必要だ」と涙ながらに各国代表団に訴えた。

気候変動の兆候はすでに現れている。首都のマジュロでは雨水も重要な生活用水だが、降水量が減少している（写真２）。高潮で石棺がさらわれてしまった墓地もある（写真３）。

適応策

海面上昇にどう適応すればよいのか。防潮堤も建設されているが、高潮ですぐに壊され、なかなか効果があがらない。

写真３　高潮で流された墓（筆者撮影）

写真４　パンの実
揚げて食べると美味しい。（筆者撮影）

ひとつの選択肢は、どこかから土砂を運び、大規模に土地のかさ上げをすることだ。モルジブではすでに行われている。問題はマーシャルにはモルジブほど資金力がないことだ。海に浮かぶ人工島を作るという案もあるが、かさ上げよりはるかに多額の費用がかかる。

もうひとつの選択肢は国を出て海外に移住することだ。キリバス政府は海面上昇を見越して農地を確保するために、火山島のフィジーに土地を買った。

実は、マーシャル諸島の国籍を持つ人は国外に５万人ほどいる。移住先はアメリカが最も多く、３万人が住んでいる。

マーシャル諸島はアメリカと特別な関係にあり、マーシャル人はビザなしで自由にアメリカに住み、働くことができる。でも、なかなかアメリカ社会には溶け込めない。同国人同士でひとつの街に固まって住み、低賃金の工場労働で収入を得ている人が多い。英語に不自由する人も多く、なかなか大学に進学できないし、良い職につくこともできない。差別を受ける人も少なくない。

移民研究

私はこれまでアジア6か国で、現地の研究者の協力を得てダム建設で移転させられた人々の生活再建について研究してきた。その延長上にマーシャル諸島の適応策の研究がある。現地の大学やアメリカの研究機関の研究者と協力して、首都マジュロ市やアメリカの移住先で住民の意識調査などを行ってきた。残念なことにコロナの感染拡大で現地訪問ができなくなり、協力者とはオンラインでの相談しかできなくなった。感染が収まって、共同研究者たちと現地調査を再開できる日を待っている。

《書籍紹介》
『SDGs時代の食・環境問題入門』吉積巳貴他、昭和堂（2021）
『科学的に見るSDGs時代のごみ問題』松藤敏彦、丸善出版（2019）
『文系のための環境科学入門（新版）』藤倉良＋藤倉まなみ、有斐閣（2016）

⑪ 社会から選ばれる企業とは

長谷川直哉

Naoya Hasegawa

ＳＤＧｓは何を求めているのか

現代社会には貧困問題をはじめ、気候変動、生物多様性、感染症などの課題が山積している。ＳＤＧｓはこうした課題を乗り越え、グローバル社会が目指すべき理想の社会像と位置づけられた。

一方、パリ協定はこれまで日本企業の競争優位を支えてきた、資源エネルギー多消費型経営モデルに「ＮＯ」を突きつけている。いま、日本企業に求められているのは、Ｅ（環境）、Ｓ（社会）、Ｇ（ガバナンス）の視点から、経営のあり

方やビジネスの構造を再構築することなのである。

「脱炭素」はＳＤＧｓの起点

気候変動が深刻さを増している。「気候変動に関する政府間パネル」が発表した第６次評価報告書（２０２１年）によれば、世界の平均気温は21～40年に１・５度上昇するという。産業革命以降、人間活動に起因する二酸化炭素は約２兆４０００億トン排出された。今後、平均気温の上昇を２度未満に抑えるには、二酸化炭素排出量を１兆１２００億トン以下に抑制しなければならない。この結果、二酸化炭素換算で約１兆７４００億トン相当の化石燃料が地中から掘り出して使えなくなった。

パリ協定（2℃目標）に基づくCO2排出量

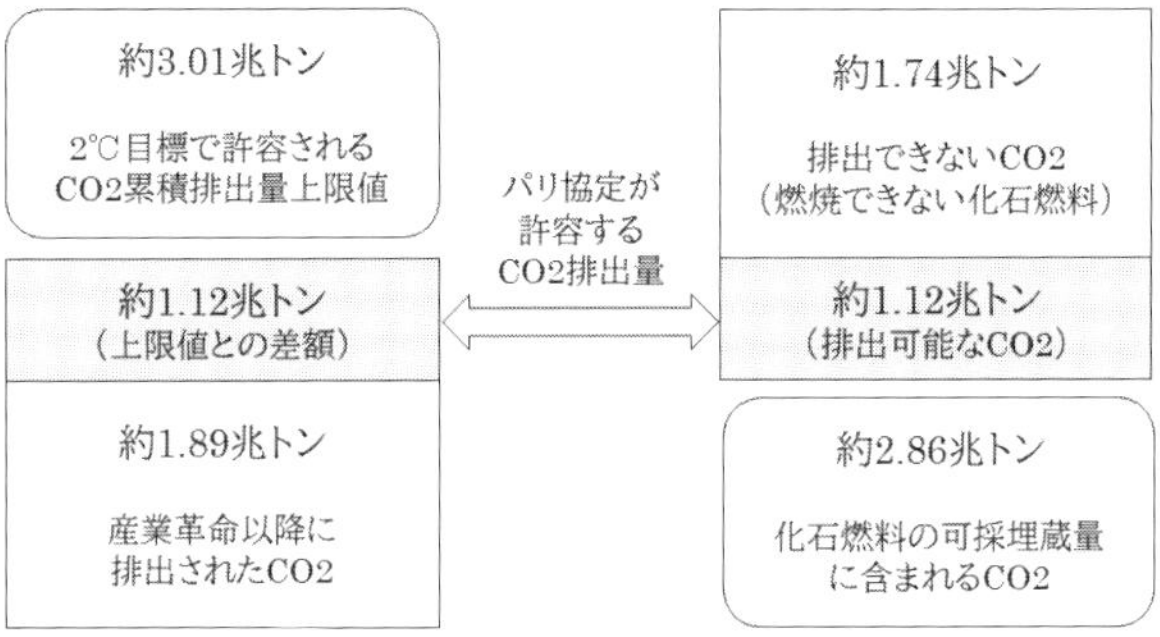

（出所）環境省の資料を基に筆者作成。

「Ｙｏｕの視点」でビジネスを再構築する

社会課題とはルールが未整備なケースや機能不全に陥ったまま放置されているケースである。社会課題の中から市場性を見極め、一見不可能と思われる挑戦を試みることによって、新たなビジネスが生まれる。

企業はパーパス（自社の存在意義）を問い直し、幅広い視点に基づく事業戦略の再構築と効率的な資源配分が求められている。そのためには、「Ｙｏｕ（他者）の視点」で企業と社会の関係性を問い直すことが欠かせない。

信念にこだわる「ビリーフ・ドリブン消費者」の登場

エデルマン・ジャパンの調査によると、日本では社会課題に対する企業の姿勢によって購入先を決める人々の割合が６割を超えている。このような人々は、「ビリーフ・ドリブン」消費者と呼ばれている。

信念や価値観を大切にする人々から信頼と共感を得ることが、ビジネスの成長には欠かせない時代となった。企業には事業活動を通じてサステナビリティ社会の実現に貢献することが求められている。

企業とステークホルダーを結ぶ情報コミュニケーションは、ＳＤＧｓネイティブといわれるミレニアル世代（80～95年）やＺ世代（96～15年）の共感を得ることにつながる。

責任経営のフレームワーク

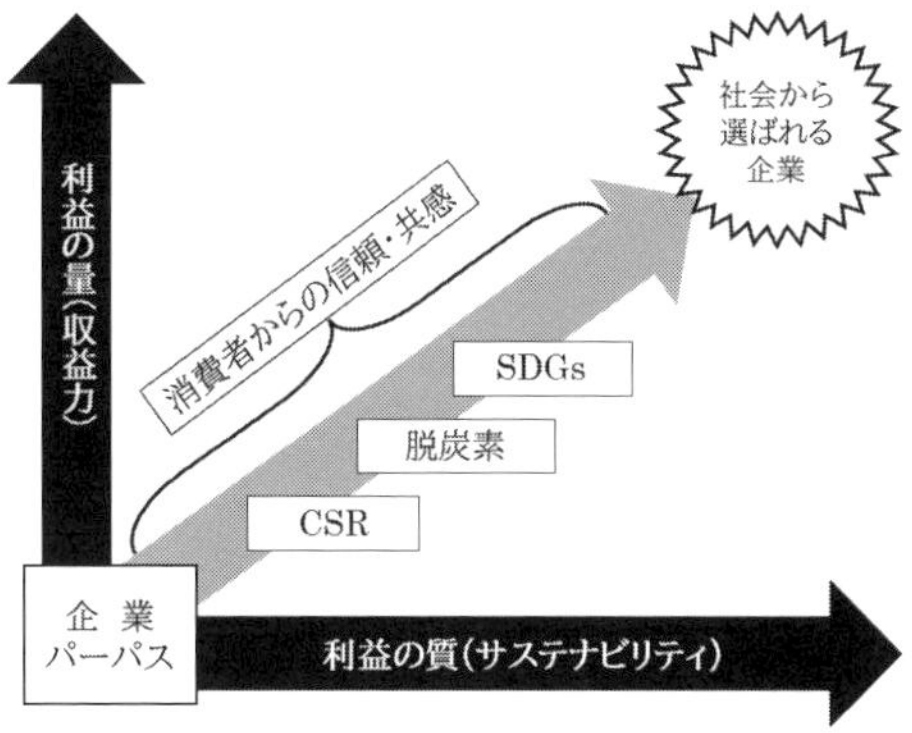

（出所）オルタナ資料を基に筆者作成

多様な媒体を活用した建設的な対話を通じて、ステークホルダーから共感と信頼を得ることが、企業の成長には欠かせないのである。

ＳＤＧｓ時代に求められる責任経営

ＳＤＧｓやパリ協定とどのように向き合うべきか。その姿勢が社会から問われる時代が到来している。残念ながら、過去の成功体験に固執し、小手先の対応でＳＤＧｓや脱炭素をかわそうとしている日本企業は少なくない。

２０２１年、筆者は『ＳＤＧｓとパーパスで読み解く責任経営の源流』（文眞堂）を出版した。本書ではビジネスを通じて社会課題の解決に挑んだ企業事例を紹介している。優れた収益力を持つビジネスを起点に公益の実現という高い理想の実現にチャレンジした企業家の活動は、「社会を生き抜く実践知」の宝庫である。

社会から選ばれる企業とは、経営トップが旗振り役となり、社員全員がソリューションを考える組織風土から生み出されるのである。

《書籍紹介》

『ＳＤＧｓとパーパスで読み解く責任経営の系譜』長谷川直哉、文眞堂（２０２１）

⑫ ＳＤＧｓを越える「未来」を考える

武貞稔彦
Naruhiko Takesada

「持続可能な開発（Sustainable Development）」の「開発」とは何か

あなたは、「持続可能な（Sustainable）」と「開発（Development）」を分けて考えたことがあるだろうか。たとえば、気候変動や海洋プラスチック汚染のような地球環境問題――私たちの社会や生命が存続できるかどうか――に関心があるとしよう。その時のあなたの関心の焦点は、「持続可能な」という部分であり、「開発」ではないのではないだろうか。

ここでは、「開発」に目を向けてみよう。その方があなた個人の人生とＳＤＧｓの関係を考えやすいからだ。ＳＤＧｓがゴールとする２０３０年は意外と近く、あなたの人生にとってはその出発点に近い。もう少し長い人類の歴史―「開発」の歴史―とSDGsの意味を考えることが、あなたの「未来」を考えることにつながる。

社会が「開発され」たり「発展する」とは、どういうことだろうか（英語では〈Development〉という一つの単語だ）。日本のような「先進国（Developed Countries）」と「開発途上国（Developing Countries）」（＝まだ開発が不足している社会）を比べた時、どんな違いがあるだろうか。より多くのお金やモノを持っている、生活がより清潔で便利、より多くの人が教育を受けられる、といったことだろう。さらに、平和で内戦などに命を脅かされないことや、寿命が長いことをあげる人もいるかもしれない。これらは全て「開発」の成果に含まれる。広く捉えると、人類はより安全で豊かな生活や社会を築き上げてきたとも言える。このような社会の変化を私たちは「開発」（もしくは「発展」）と呼ぶ。

なぜいま「持続可能な開発」が求められるのか。シンプルな答えは、これまでの「開発」は「持続可能」ではないと考えられるからだ。途上国の人々が苦しむ貧困はなくすべきだが、途上国の人々がみな先進国の人々と同じような生活水準を達成したら、地球の資源や環境は限界を迎えると考えられている。

持続可能な「生き方」を支える社会や環境を作る

SDGsが求めているのは、「新しい開発」を考えることだ。「持続可能なやり方で従来と同じような開発を進める」という考え方では、持続可能な未来は実現できないと考えるべきだ。環境を守るために十分に気をつければ、従来同様の開発の成果を享受できる、と考えるのでは足りない。単にターゲットを達成すれば良いということではない。

人々の生き方はすでに変化を求められている。人生100年時代と言われるように、寿命が更に延びることが予想される。定年60歳だとすると、定年までに働いた期間と同じくらいの余生が待っている。個人は働き方を含めた人生設計を変えなければならない。会社もすでに変化を求められている。SDGsに貢献していない会社は、必要な投資を集めることが難しくなり始めている。

持続可能な未来を実現するためには、変化を求められる個人が、自分たちが生きやすい社会や環境を作ることが必要だ。COVID-19の感染拡大によって、オンラインでの仕事や学習が求められた。個人がオンラインでの仕事や学習を実現するには、会社や学校がルールや制度を変えなければならないこともあった。個人の働き方や学び方を持続可能にするために、社会や環境が人々の声を受けて変わる必要があったのだ。これは危機に迫られて変わった経験とも言えるが、あなたたちが生きる未来、2030年を越えた先の未来にはどのような危機が予想されるだろうか。SDGsを越えた未来は、SDGsに明記されたターゲットを実現することだけではなく、自分たちで望ましい未来を想像し、望ましい生き方を支えるように社会や環境を変えることで実現すべきもの―それが新しい開発―だと言えるだろう。

《書籍紹介》『わかりあえないことから―コミュニケーション能力とは何か』平田オリザ、講談社現代新書（2012）

⑬ 世代がつながらない時代の地域の持続可能性とＳＤＧｓ

小島　聡

Satoshi Kojima

人口減少時代の地域政策課題

２０１５年、ＳＤＧｓが国連総会で採択され、国際的共通言語として世界に広めていく運動の大きな波が日本社会にも押し寄せた。

私は、持続可能な地域社会を創るための地方自治や自治体政策について取り組んできたため、様々な政策課題には、国際的な文脈でとらえる必要があるもの、国内的な文脈でとらえる必要があるもの、両者を結びつけてとらえる必要があるものに分けられると考えてきた。国際的な文脈は地球温暖化や生物多様性などであり、国内的な文脈として、21世紀における長期的かつ構造的な傾向（メガトレンド）は人口減少であろうと、地域の様々な出来事から気づいた。

30年以上前から指摘され始めた農山漁村の限界集落（高齢者が増加し集落の自治が機能しなくなる）や森林の荒廃、他方で、近年広がっている都市の空き家・空き地問題も、人口減少が地域の環境・経済・社会という持続可能性の3つの側面に単独で、また複合的に影響を与えており、国も、各地の自治体も、世紀転換期の頃から、政策的な対応に追われることになる。

ただし、人口減少による地域の持続可能性問題といっても、実は複雑であり、人の絶対数が減少するプロセスでは、まず高齢化が進行し、やがて、地域経済の活力の低下や、地域環境の劣化、地域文化の消滅など、多種多様な問題が表面化してくる。

しかし、それらを別々の問題ではなく結びつけてとらえた上で、環境政策だけではなく、自治体の様々な政策をできるかぎり広く見渡しながら、持続可能な地域社会に向けて組み合わせていく方向性（政策統合）について検討を始めた。後にＳＤＧｓでは、17の目標、１６９のターゲットを結びつけて同時に解決していくことを、「統合的アプローチ」という言い方で提唱するようになったが、２０１２年から、私は自治体の政策について、その必要性を主張するようになる。

そして、２０１０年代の半ばに、全くの偶然だが、持続可能性の国際的な文脈と国内的な文脈が結びつく。２０１５年のＳＤＧｓの前年、２０１４年に民間の日本創成会議が発表した「消滅可能性都市」に関するレポートによって、日本社会は騒然となった。全国の市町村の約半分にあたる８９６自治体が、２０４０年には人口減少により消滅に向かっていくだろうという予言的な分析だったからである。それまでも、地球温暖化などのグローバルな問題は日本社会でも知られていたが、「持続可能性」という言葉は、一般的には、どこか遠い世界、まだ遠い先のことのように受け取られていたのではないか。

しかし、人口減少の果てに多くの地域が消滅するかもしれないという予言は、各地に危機感をもたらし、「持続可能性」という言葉が日本社会に急速に広まっていくきっかけをつくったといえる。ここに私は、「持続可能性」といった言葉の日本社会における受容の特殊事情があると考えている。

また、国も人口減少対策としての「地方創生」とSDGsをセットにした。これで、国際的な文脈と国内的な文脈が結びつきながら、国・自治体、企業、NGO・NPOなど、多くの組織や人々がSDGsに取り組んでいるのが、21世紀前半の状況である。

人口減少の地域の持続可能性への影響は複雑な構図を描くが、ある視点でみると意外にすっきりと見えてくる。それは世代がつながらなくなる、言い換えると家族がつながらなくなるということである。限界集落、空き家・空き地以外にも商店街のシャッター通り化、墓の無縁化など、多くはこのことが原因で起きている。

これを私は、「世代間継承可能性の低下」と呼んでいるが、そうすると、自治体の政策課題は、持続可能な地域社会に向けて、いかに世代をつないでいくかということになる。しかし、それは血縁の家族の間で世代間継承を強引に進めることではなく、地域社会全体で、環境や経済、文化、コミュニティを次の世代につなぐことであろう。

⑭ 核兵器による平和から核兵器のない平和へ

岡松暁子
Akiko Okamatsu

1　核兵器の出現

１９４５年、広島と長崎にアメリカによって原子爆弾が投下された。人類史上初の核兵器による攻撃である。そして、現在のところこれが最後の核兵器の使用でもある。原爆により広島と長崎の街は焦土と化し、犠牲者は数十万人にのぼった。そして今なお多くの人々がその後遺症に苦しんでいる。この悲劇は二度と繰り返されてはならない。核兵器は廃絶されなければならない。これは世界中の人々の共通の願いであろう。

しかし、１９４５年以降20世紀末までに、ソ連（ロシア）、イギリス、フランス、中国、インド、パキスタン、イスラエルが核兵器を開発し保有するに至った。さらに21世紀には、北朝鮮が核実験を行い、イランも核兵器開発疑惑を持たれている。

ひとたび核兵器が使用されれば、多数の命が失われ、環境は破壊され、その影響は数世代に渡って及ぶ。唯一の被爆国たる日本は、その被害を世界で最もよく知る国であり、毎年国連総会に核兵器廃絶決議案を提出するなどして、国際平和を訴え続けてきた。しかし、今なお人類は核兵器の恐怖から開放されていない。はたして、世界は核兵器のない平和を獲得することができるのであろうか。

2　核兵器による平和

１９４９年にソ連が核兵器の保有を明らかにすると、米ソは、より強大な核を保有することで、相手に核の使用を思いとどまらせるという核抑止政策を進め、両国間の核開発競争は激化した。その後、英、仏、中が核兵器を開発し、核兵器のさらなる拡散が懸念されるようになると、米ソを中心に、核兵器がこれ以上増えないようにするための核不拡散体制が模索されるようになった。１９６８年に採択された「核不拡散条約」は、それまでにすでに核兵器を保有している５ヵ国はそのまま保有し続けることができるが、それ以外の国は保有してはならないという国際取決めである。主権平等の国際社会にあって極めて不平等に見えるこの条約が成立したのは、今後、小国やテロリストが核兵器を入手すれば、それは世界戦争を引き起こす原因になりかねず、それを防ぐためにはすでに核を保有している５ヵ国がそれらを適切に管理した上で、平和維持に対する責任を持つことが肝要であると考えられたためである。かくして、五大国は核を保有することで圧倒的な力を維持することになった。その後、この不平等に反発したインドやパキスタン、そしてイスラエルが核兵器を保有することとなるものの、広島、長崎以来、核兵器の実戦使用はなく、核戦争が勃発しなかった。このことを考えると、核抑止政策と核不拡散政策は、国際社会の平和に一定の貢献はしてきたといえるであろう。

3　核兵器の廃絶に向けて

２０２１年１月に、「核兵器禁止条約」が発効した。これは、地球上の全ての国の核兵器保有を禁止する条約である。しかし、核兵器の廃絶に向けた一歩となるはずのこの条約に、２０２２年１月現在、核兵器保有国は１カ国も入っていない。核兵器による悲劇を知る日本も入っていない。この状況をどのように評価するべきであろうか。

北朝鮮は２００５年に核兵器の保有を宣言して以来、数度の核実験と長距離弾道ミサイルの発射を繰り返している。また、中東の政治不安は、核兵器のさらなる拡散の懸念

原爆ドーム（広島）

を強めている。日本の周りを見回してみれば、日本と排他的経済水域を接している6ヵ国のうち、実に4ヵ国が核兵器を保有している。

広島・長崎の悲劇は二度と繰り返してはならない。核兵器は廃絶されなければならない。しかし、核兵器の全廃が達成されるためには、1ヵ国の違反もなく核兵器廃棄の約束が守られ、その状態が維持されなければならない。違反国に核兵器の使用を思いとどまらせる力も必要であろう。このような状況においては、今なお、核兵器が確実に使われないようにする核不拡散体制の強化が必要であることも否定できない。最終的に目指す核兵器のない平和の構築には、さらなる人類の叡智が試されることになるのである。

《書籍紹介》
『ひとはなぜ戦争をするのか』アルバート・アインシュタイン＋ジグムント・フロイト、浅見昇吾訳、講談社学術文庫（2016）

⑮「当たり前の日常」を問い直すフィールドワーク

湯澤規子
Noriko Yuzawa

「フィールドワーク」という学び方

高校生の頃、休日になるとふらりと自転車で旅に出る友人がいた。まだデジタルカメラやスマートフォンが無かった時代で、友人は旅先で見たこと、聞いたこと、感じたことを短い俳句や短歌にし、それを書きつけた葉書をしばしば私に送ってきた。面白いことをする人だと思いつつ、こんな風に知らない土地に出かけて、知らなかったことを知り、それを文章にして人に伝える学び方が大学で出来たらいいのに、と漠然と考えるようになった。友人にそんな話をすると、「それなら地理学だね」という答えが返って来た。

今思えば、やや単純にすぎる動機ではあるが、私は地理学を学べる大学を選び、その後、地域の経済や歴史を研究する研究者になった。フィールドと呼ばれる「現場」に足を運び、五感で情報を集めて考えることを重視する「フィールドワーク」という学び方は、教室や図書館で学ぶこととはまた違う面白さがあり、私にはそれが合っていたようである。

地理学を含め、フィールドワークを重要な研究手法にしている分野では、その場に足を運んだ人にしか手に入らないデータを積み重ね、それをもとに研究論文を書く。これに照らせば、五感でインプットした情報を、一枚の葉書に書いてアウトプットすることは、まさにフィールドワークによって研究論文を書くプロセスそのものであるといえる。つまり、私が大学を選んだシンプルな動機は偶然にも、あながち間違いではなかったわけである。

当たり前の日常を問い直す「食べること」と「出すこと」の研究

大学生の頃の私は、フィールドで出会う年配の女性たちの話を聞くことが何よりも楽しみだった。自分とは違う人生と時代を生き、私が当たり前だと思っていた日常の世界をグッと押し広げてくれるような奥ゆきのある話の数々に触れられたからである。

ある織物生産地域では「女は機織り、男はかしき」という言葉を知った。「かしき」とは台所仕事のことである。産業を支える女性の役割が重宝され、男性も家事育児をする姿を目の当たりにした経験は、ステレオタイプの女性像を考え直すきっかけになった。それが出発点となり、「女性がはたらくこと」をテーマに、漁村や農村、行商で働く女性たち、織物工場で働く女性たちのライフヒストリー（人生史、日常史）から経済や社会を考えてきた。

フィールドで出会った女性たちは「日常茶飯事」の中に様々な喜怒哀楽の物語を持っており、それが日々の暮らしを支え、時に決断のきっかけになることもあった。そうしたライフヒストリーを収集しているうちに、経済や社会はじつはこうしたささやかな日々の積み重ねでできているのではないか、と考えるようになった。

ところが一般的な経済学では、工場で働く女性たちを「労働者」として分析する研究はあっても、彼女たちがどのように日々を生き、何を食べていたのか、という日常の場面が問われることはほとんどなかった。そこで私はまず、「食べること[1]」に注目することから、あらためて経済や社会のあり方を考えてみることにしたのである。

最近ではこれもまた当たり前の日常である、「出すこと[2]」の研究に取り組んでいる。工場で働く女性たちや都市の雑踏を行きかう人びとの胃袋を満たしていたもの、その食べものを生産するための循環の仕組みを知ることは、現代社会において私たちが「当たり前だと思っている日常」を根本から問い直す重要な作業でもある。未来を考えるための「問い」は、自分のすぐそば、日常の中にあるのだという実感は、ますます深まるばかりである。

《書籍紹介》

『食べるとはどういうことか―世界の見方が変わる三つの質問』藤原辰史、農文協（２０１９）

１　『胃袋の近代―食と人びとの日常史』名古屋大学出版会、湯澤規子（２０１８）。『７袋のポテトチップス―食べるを語る、胃袋の戦後史』湯澤規子、晶文社（２０１９）。

２　『ウンコはどこから来て、どこへ行くのか―人糞地理学ことはじめ』湯澤規子、ちくま新書（２０２０）。

【人間環境学部の本棚】

難易度を★で示しました。ちょっと背伸び★★★　普通に読める★★　読みやすい★

○『はじめて学ぶ環境倫理』吉永明弘、ちくまプリマー新書（２０２１）★

○『内角の和Ⅰ・Ⅱ』鈴木忠志、而立書房（２００３）★★

○『はみだしの人類学：ともに生きる方法』松村圭一郎、ＮＨＫ出版（２０２０）★

○『越境の時――一九六〇年代と在日』鈴木道彦、集英社新書（２００７）★★

○「文化的景観」の特質と可能性」：『フィールドから考える地域環境』梶裕史、ミネルヴァ書房（２０２１、第２版）★★

○『成長の限界 人類の選択』デニス・メドウズ＋ヨルゲン・ランダース、枝廣淳子翻訳、ダイヤモンド社（２００５）★★★

○『日本列島１００万年史―大地に刻まれた壮大な物語―』山崎晴雄＋久保純子、講談社ブルーバックス（２０１７）★★

○『最後の授業 ぼくの命があるうちに』ランディ・パウシュ＋ジェフリー・ザスロー、矢羽野薫訳、ランダムハウス講談社（２００８）★

○『フェミニズムはみんなのもの—情熱の政治学』ベル・フックス、堀田碧訳、エトセトラブックス（２０２０）★

○『ＳＤＧｓ時代の食・環境問題入門』吉積巳貴他、昭和堂（２０２１）★★★

○『科学的に見るＳＤＧｓ時代のごみ問題』松藤敏彦、丸善出版（２０１９）★★★

○『文系のための環境科学入門（新版）』藤倉良＋藤倉まなみ、有斐閣（２０１６）★★

○『ＳＤＧｓとパーパスで読み解く責任経営の系譜』長谷川直哉、文眞堂（２０２１）★★★

○『わかりあえないことから—コミュニケーション能力とは何か』平田オリザ、講談社現代新書（２０１２）★★

○『ＳＤＧｓ—危機の時代の羅針盤』南博＋稲葉雅紀、岩波書店（２０２０）★★

○『ひとはなぜ戦争をするのか』アルバート・アインシュタイン＋ジグムント・フロイト、浅見昇吾訳、講談社学術文庫（２０１６）★★★

○『食べるとはどういうことか—世界の見方が変わる三つの質問』藤原辰史、農文協（２０１９）★

法政大学人間環境学部・サステイナビリティ・ブックレットシリーズの刊行に際して

20世紀の総括を含む世紀末論、さらに、未来予測も兼ねた新世紀論が百家争鳴のごとく語られていた頃から、すでに20年近くの歳月が流れた。そして21世紀も15年目に入った。果たして人類は、かつて議論した課題を克服する道を歩んでいるのだろうか。

法政大学人間環境学部は、世紀末の１９９９年に開設された。１９８９年の東西冷戦終結以降に台頭した地球環境問題を、21世紀を象徴する巨大な争点として認識し、途上国に対する国際協力、市場経済のガバナンス、都市や農山村の地域課題などの幅広いテーマと、グローカル（グローバルかつローカル）な視野で向き合いながら、１９８０年代の終わり頃から世界的に流通していった「持続可能な社会」という理念を託す次世代を養成することを学部のミッションとした。

また日本初の環境に関する文系総合政策学部であることを標榜したが、他方で、社会科学や人文科学だけではなく、自然科学の成果もふまえ、学際的なアプローチに基づく実践知を旨とする学部をめざした。さらに、世紀末の議論に共通していたことであるが、自然科学の知見から分析可能な環境問題であっても、人類史の深みから解き明かす視点をもつこと、逆にいえば、環境論を手がかりとして人間論と文明論を探究する教養学部をつくることもミッションとし、「人間環境」学部という名称を選択した。今日、あらためて振り返ると、90年代の大学改革において危惧された教養教育の解体という趨勢に対する1つの解答であったともいえる。

本学部も、２０１３年に15周年を迎えたが、世紀末に掲げたミッションは決して色あせたわけではなく、真価が問われるのはむしろこれからである。それは、2011年3月の東日本大震災と福島第一原発事故の経験や日々の社会情勢や国際情勢をみればあきらかであろう。

ここに刊行するサステイナビリティ・ブックレットシリーズは、15周年を経た法政大学人間環境学部が、教育・研究・社会実践の成果を広く社会に還元しながら、学部のミッションと社会的責任、そして存在意義を自らに問う機会として企画された。

「サスティナビリティ」(持続可能性)は、本学部の名称にもある「人間」と「環境」の共存を中核としながらも幅広い含意をもち、時間的には現代と未来を、空間的には国際社会と地域社会を架橋する言葉であり、また企業経営や市民社会など幅広い知的フィールドを架橋する、きわめて包括的で、あるべき世界を示唆する規範概念である。

もっとも、サスティナビリティは、常に論争にさらされ、肯定的にも懐疑的にも受け止められてきた。しかし、同じ規範概念である「民主主義」のように、たとえ現状はどうあれ、その内実から目を背けることなく、言葉の生命力を取り戻そうとする数々の知的営為に習い、サスティナビリティという言葉を、開かれた対話を通して鍛え育む道を選びたいと思う。そして、多くの人々とサスティナビリティを「日常の思想」として共有することが、このブックレットシリーズに込めた私たちの願いである。

2015年6月

法政大学人間環境学部

法政大学人間環境学部・サステイナビリティ・ブックレット - 2

13 歳からの大学講義

Beyond SDGs!

2022 年 2 月 22 日　第 1 版第 1 刷発行

編　者　　法政大学 人間環境学部
発行人　　武内英晴
発行所　　公人の友社
〒 112-0002　東京都文京区小石川 5-26-8
TEL 03-3811-5701　FAX 03-3811-5795
e-mail: info@koujinnotomo.com
http://koujinnotomo.com/
印刷所　　倉敷印刷株式会社

ISBN978-4-87555-875-0

公人の友社

出版図書目録

●ご注文はお近くの書店へ
小社の本は、書店で取り寄せることができます。
●直接注文の場合は
電話・FAX・メールでお申し込み下さい。
（送料は実費、価格は本体価格）

〔法政大学人間環境学部
サステイナビリティ
ブックレット〕

No.1
生業と地域社会の復興を考える
〜宮城県石巻市北上町の事例から
西城戸誠・平川全機編著、宮内泰介・黒田暁・髙﨑優子・庄司知恵子・武中桂・図司直也・鬼頭秀一・関礼子著 900円

No.2
13歳からの大学講義
Beyond SDGs！
法政大学人間環境学部編、武貞稔彦・吉永明弘・平野井ちえ子・高橋五月・竹本研史・梶裕史・松本倫明・杉戸信彦・宮川路子・佐伯英子・藤倉良・長谷川直哉・小島聡・岡松暁子・湯澤規子著 700円

〔京都府立大学京都地域未来創造センターブックレット〕

No.1
地域貢献としての「大学発シンクタンク」
京都政策研究センター（KPI）の挑戦
編著 青山公三・小沢修司・杉岡秀紀・藤沢実 1,000円

No.2
もうひとつの「自治体行革」
住民満足度向上へつなげる
編著 青山公三・小沢修司・杉岡秀紀・藤沢実 1,000円

No.3
地域力再生とプロボノ
行政におけるプロボノ活用の最前線
編著 杉岡秀紀、著 青山公三・鈴木康久・山本伶奈 1,000円

No.4
地域創生の最前線
地方創生から地域創生へ
監修・解説 増田寛也
編著 青山公三・小沢修司・杉岡秀紀・菱木智一 1,000円

No.5
現場から見た「子どもの貧困」対策
行政・地域・学校の現場から
編著 小沢修司 1,000円（品切）

No.6
人がまちを育てる
ポートランドと日本の地域
企画 京都府立大学京都地域未来創造センター、編著 川勝健志 1,000円

〔福島大学ブックレット
「21世紀の市民講座」〕

No.2
自治体政策研究ノート
今井照 900円

No.3
住民による「まちづくり」の作法
今西一男 1,000円

No.4
格差・貧困社会における市民の権利擁護
金子勝 900円

No.6
今なぜ権利擁護か
ネットワークの重要性
高野範城・新村繁文 1,000円

No.7
小規模自治体の可能性を探る
保母武彦・菅野典雄・佐藤力・竹内是俊・松野光伸 1,000円

No.8
小規模自治体の生きる道
連合自治の構築をめざして
神原勝 900円

No.9
文化資産としての美術館利用
地域の教育・文化的生活に資する方法研究と実践
辻みどり・田村奈保子・真歩仁しょうん 900円

No.10
フクシマで〝日本国憲法〈前文〉〟を読む
家族で語ろう憲法のこと
金井光生 1,000円

〔地域ガバナンスシステム・シリーズ〕
（龍谷大学地域人材・公共政策開発システム・オープン・リサーチセンター（LORC）…企画・編集）

No.1
地域人材を育てる自治体研修改革
土山希美枝 900円

No.2
公共政策教育と認証評価システム
坂本勝 1,100円

No.3
暮らしに根ざした心地よいまち
1,100円

No.4
持続可能な都市自治体づくりのためのガイドブック
1,100円

No.5
英国における地域戦略パートナーシップ
編：白石克孝、監訳：的場信敬 900円

No.6
マーケットと地域をつなぐパートナーシップ
編：白石克孝、著：園田正彦 1,000円

No.7
政府・地方自治体と市民社会の戦略的連携
的場信敬 1,000円

No.8
多治見モデル
大矢野修 1,400円

No.9
市民と自治体の協働研修ハンドブック
土山希美枝 1,600円

No.10
行政学修士教育と人材育成
坂本勝 1,100円

No.11
アメリカ公共政策大学院の認証評価システムと評価基準
早田幸政 1,200円

No.12
イギリスの資格履修制度
資格を通しての公共人材育成
小山善彦 1,000円

No.14
炭を使った農業と地域社会の再生
市民が参加する地球温暖化対策
井上芳恵 1,400円

No.15
対話と議論で〈つなぎ・ひきだす〉ファシリテート能力育成ハンドブック
土山希美枝・村田和代・深尾昌峰
1,200円

No.16
「質問力」からはじめる自治体議会改革
土山希美枝 1,100円（品切れ）

［都市政策フォーラムブックレット］

No.1
「新しい公共」と新たな支え合いの創造へ
渡辺幸子・首都大学東京 都市教養学部都市政策コース
900円（品切れ）

No.2
景観形成とまちづくり
首都大学東京 都市教養学部都市政策コース
1,000円

No.3
都市の活性化とまちづくり
首都大学東京 都市教養学部都市政策コース
1,100円

［自治総研ブックレット］

No.22
自治体森林政策の可能性
～国税森林環境税・森林経営管理法を手がかりに
飛田博史編・諸富徹・西尾隆・相川高信・木藤誠・平石稔・今井照 1,500円

No.23
原発災害で自治体ができたことできなかったこと
～自治体の可能性と限界を考える
今井照編・阿部昌樹・金井利之・石田仁・西城戸誠・平岡路子・山下祐介
1,500円

No.24
未完の「公共私連携」
～介護保険制度20年目の課題
上林陽治編・大森彌・高端正幸・堀越栄子・森安東光・今井照 1,500円

No.25
自治から考える「自治体DX」
～「標準化」「共通化」を中心に
其田茂樹編・牧原出・松岡清志・三木由希子・武藤博己・今井照 1,500円

［自治総研ブックス］

No.16
国税・森林環境税
～「問題だらけの増税
青木宗明編著／著飛田博史・吉弘憲介・其田茂樹・清水雅貴・佐藤一光
2,200円

［北海道自治研ブックレット］

No.1
市民・自治体・政治
再論・人間型としての市民
松下圭一 1,200円

No.3
福島町の議会改革
議会基本条例＝開かれた議会づくりの集大成
溝部幸基・石堂一志・中尾修・神原勝 1,200円

No.4
議会改革はどこまですすんだか
改革8年の検証と展望
神原勝・中尾修・江藤俊昭・廣瀬克哉 1,200円

No.5
ここまで到達した芽室町議会改革
芽室町議会改革の全貌と特色
広瀬重雄・西科純・蘆田千秋・神原勝 1,200円

No.6
国会の立法権と地方自治
憲法・地方自治法・自治基本条例
西尾勝 1,200円

［生存科学シリーズ］

No.2
再生可能エネルギーで地域がかがやく
秋澤淳・長坂研・小林久 1,100円

No.3
小水力発電を地域の力で
小林久・戸川裕昭・堀尾正靱　1,200円＊

No.4
地域の生存と社会的企業
柏雅之・白石克孝・重藤さわ子　1,200円

No.5
地域の生存と農業知財
澁澤栄・福井隆・正林真之　1,000円

No.6
風の人・土の人
千賀裕太郎・白石克孝・柏雅之・福井隆・飯島博・曽根原久司・関原剛　1,400円

No.7
地域からエネルギーを引き出せ！　PEGASUS ハンドブック
（環境エネルギー設計ツール）
監修：堀尾正靱・白石克孝、著：重藤さわ子・定松功・土山希美枝　1,400円

No.8
地域分散エネルギーと「地域主体」の形成
風・水・光エネルギー時代の主役を作る
編：小林久・堀尾正靱、著：独立行政法人科学技術振興機構 社会技術研究開発センター「地域に根ざした脱温暖化・環境共生社会」研究開発領域 地域分散電源等導入タスクフォース　1,400円

No.9
省エネルギーを話し合う実践プラン46
エネルギーを使う・創る・選ぶ
編著：中村洋・安達昇
編者著：独立行政法人科学技術振興機構 社会技術研究開発センター「地域に根ざした脱温暖化・環境共生社会」研究開発領域　1,500円

［地方自治ジャーナルブックレット］

No.33
都市型社会と防衛論争
松下圭一　900円

No.34
中心市街地の活性化に向けて
山梨学院大学行政研究センター　1,200円

No.36
行政基本条例の理論と実際
神原勝・佐藤克廣・辻道雅宣　1,100円

No.37
市民文化と自治体文化戦略
松下圭一　800円

No.38
まちづくりの新たな潮流
山梨学院大学行政研究センター　1,200円

No.39
ディスカッション三重の改革
中村征之・大森弥　1,200円

No.41
市民自治の制度開発の課題
山梨学院大学行政研究センター　1,200円

No.42
《改訂版》自治体破たん・「夕張ショック」の本質
橋本行史　1,200円（品切れ）

No.43
分権改革と政治改革
西尾勝　1,200円

No.44
自治体人材育成の着眼点
浦野秀一・井澤壽美子・野田邦弘・西村浩・三関浩司・杉谷戸知也・坂口正治・田中富雄　1,200円

No.45
シンポジウム障害と人権
橋本宏子・森田明・湯浅和恵・池原毅和・青木九馬・澤静子・佐々木久美子　1,400円

No.46
地方財政健全化法で財政破綻は阻止できるか
高寄昇三　1,200円

No.47
地方政府と政策法務
加藤良重　1,200円

No.48
政策財務と地方政府
加藤良重　1,400円

No.49
政令指定都市がめざすもの
高寄昇三　1,400円

No.50
良心的裁判員拒否と責任ある参加
市民社会の中の裁判員制度
大城　聡　1,000円

No.51
討議する議会
自治体議会学の構築をめざして
江藤俊昭　1,200円

No.52
【増補版】大阪都構想と橋下政治の検証
府県集権主義への批判
高寄昇三　1,200円

No.53
虚構・大阪都構想への反論
橋下ポピュリズムと都市主権の対決
高寄昇三　1,200円

No.54
大阪市存続・大阪都粉砕の戦略
地方政治とポピュリズム
高寄昇三　1,200円

No.55
「大阪都構想」を越えて
問われる日本の民主主義と地方自治
（社）大阪自治体問題研究所　1,200円

No.56
翼賛議会型政治・地方民主主義への脅威
地域政党と地方マニフェスト
高寄昇三　1,200円

No.57
なぜ自治体職員にきびしい法遵守が求められるのか
加藤良重　1,200円

No.58
東京都区制度の歴史と課題
都区制度問題の考え方
著：栗原利美、編：米倉克良
1,400 円

No.59
七ヶ浜町（宮城県）で考える
「震災復興計画」と住民自治
編著：自治体学会東北 YP
1,400 円

No.60
市民が取り組んだ条例づくり
市長・職員・市議会とともにつくった所沢市自治基本条例
編著：所沢市自治基本条例を育てる会
1,400 円

No.61
いま、なぜ大阪市の消滅なのか
「大都市地域特別区法」の成立と今後の課題
編著：大阪自治を考える会　800 円

No.62
地方公務員給与は高いのか
非正規職員の正規化をめざして
著：高寄昇三・山本正憲　1,200 円

No.63
大阪市廃止・特別区設置の制度設計案を批判する
いま、なぜ大阪市の消滅なのか Part2
編著：大阪自治を考える会　900 円

No.64
自治体学とはどのような学か
森啓
1,200 円

No.65
通年議会の〈導入〉と〈廃止〉
長崎県議会による全国初の取り組み
松島完　900 円

No.66
平成忠臣蔵・泉岳寺景観の危機
吉田朱音・牟田賢明・五十嵐敬喜
800 円

No.67
いま一度考えたい大阪市の廃止・分割
その是非を問う住民投票を前に
大阪の自治を考える研究会　926 円

No.68
地域主体のまちづくりで「自治体職員」が重視すべきこと
事例に学び、活かしたい５つの成果要因
矢代隆嗣　800 円

No.69
自治体職員が知っておくべきマイナンバー制度 50 項
高村弘史　1,200 円

No.71
大都市問題の専門家が問う
大阪市廃止と生活行政の破綻
〈市民連合〉による住民投票勝利への戦略
高寄昇三　1,200 円

No.72
脱法的「大阪都構想」と大阪市形骸化の危機
高寄昇三　1,200 円

［単行本］

フィンランドを世界一に導いた 100 の社会改革
編著　イルカ・タイパレ
訳　山田眞知子　2,800 円

公共経営学入門
編著　ボーベル・ラフラー
訳　みえガバナンス研究会
監修　稲澤克祐、紀平美智子　2,500 円

変えよう地方議会
～3・11 後の自治に向けて
編著　河北新報社編集局　2,000 円

自治体職員研修の法構造
田中孝男　2,800 円

自治基本条例は活きているか?!
～ニセコ町まちづくり基本条例の10年
編　木佐茂男・片山健也・名塚昭
2,000 円

国立景観訴訟～自治が裁かれる
編著　五十嵐敬喜・上原公子　2,800 円

成熟と洗練～日本再構築ノート
松下圭一　2,500 円

地方自治制度「再編論議」の深層
監修　木佐茂男　青山彰久・国分高史
1,500 円

韓国における地方分権改革の分析～弱い大統領と地域主義の政治経済学
尹誠國　1,400 円

自治体国際政策論
自治体国際事務の理論と実践
楠本利夫　1,400 円

自治体職員の「専門性」概念
可視化による能力開発への展開
林奈生子　3,500 円

アニメの像 VS. アートプロジェクト
まちとアートの関係史
竹田直樹　1,600 円

NPOと行政の《協働》活動における「成果要因」
成果へのプロセスをいかにマネジメントするか
矢代隆嗣　3,500 円

おかいもの革命
消費者と流通販売者の相互学習型プラットホームによる低酸素型社会の創出
編著　おかいもの革命プロジェクト　2,000 円

原発再稼働と自治体の選択
原発立地交付金の解剖
高寄昇三　2,200 円

「地方創生」で地方消滅は阻止できるか
地方再生策と補助金改革
高寄昇三　2,400 円

総合計画の新潮流
自治体経営を支えるトータル・システムの構築
監修・著　玉村雅敏
編集　日本生産性本部　2,400 円

総合計画の理論と実務
行財政縮小時代の自治体戦略
編著 神原勝・大矢野修　3,400 円

自治体の人事評価がよくわかる本
これからの人材マネジメントと人事評価
小堀喜康　1,400 円

だれが地域を救えるのか
作られた「地方消滅」　島田恵司　1,700 円

分権危惧論の検証
教育・都市計画・福祉を題材にして
編著 嶋田暁文・木佐茂男
著 青木栄一・野口和雄・沼尾波子　2,000 円

地方自治の基礎概念
住民・住所・自治体をどうとらえるか?
編著 嶋田暁文・阿部昌樹・木佐茂男
著 太田匡彦・金井利之・飯島淳子　2,600 円

松下圭一＊私の仕事—著述目録
松下圭一　1,500 円

地域創成への挑戦
住み続ける地域づくりの処方箋
監修・著 長瀬光市
著 縮小都市研究会　2,600 円

自治体広報はプロションの時代からコミュニケーションの時代へ
マーケティングの視点が自治体の行政広報を変える
鈴木勇紀　3,500 円

「大大阪」時代を築いた男
評伝・関一（第7代目大阪市長）
大山　勝男　2,600 円

自治体議会の政策サイクル
議会改革を住民福祉の向上につなげるために
編著 江藤俊昭
著 石堂一志・中道俊之・横山淳・西科純　2,300 円

挽歌の宛先　祈りと震災
編著　河北新報社編集局　1,600 円

新訂　自治体法務入門
編　田中孝男・木佐茂男　2,700 円

政治倫理条例のすべて
クリーンな地方政治のために
斎藤　文男　2,200 円

福島インサイドストーリー
役場職員が見た避難と震災復興
編著　今井照・自治体政策研究会　2,400 円

原発被災地の復興シナリオ・プランニング
編著　金井利之・今井照　2,200 円

自治体の政策形成マネジメント入門
矢代隆嗣　2,700 円

介護保険制度の強さと脆さ
2018 年改正と問題点
編著　鏡諭　企画東京自治研究センター　2,600 円

「質問力」でつくる政策議会
土山希美枝　2,500 円（品切れ）

神戸・近代都市の形成
高寄 昇三　5,000 円

政治行政入門（新版）
山梨学院大学政治行政研究会　2,500 円

「縮小社会」再構築
安心して幸せにくらせる地域社会づくりのために
長瀬 光市【監修・著】/ 縮小都市研究会【著】　2,500 円

合併しなかった自治体の実際
非合併小規模自治体の現在と未来
木佐 茂男【監修】/ 原田 晃樹 / 杉岡 秀紀【編著】　1,900 円

住民監査請求制度がよくわかる本
平成29年改正
田中 孝男　1,800 円

池袋・母子餓死日記
覚え書き（全文）（新装版）
公人の友社【編】　1,800 円

世界遺産・ユネスコ精神
平泉・鎌倉・四国遍路
五十嵐 敬喜・佐藤 弘弥【編著】　3,200 円

ひとりでできる、職場でできる、自治体の業務改善
時間の創出と有効活用
矢代 隆嗣　2,200 円

ひとり戸籍の幼児問題とマイノリティの人権に関する研究
稲垣 陽子　3,700 円

離島は寶島
沖縄の離島の耕作放棄地研究
齋藤 正己　3,800 円

「地方自治の責任部局」の研究
その存続メカニズムと軌跡（1947-2000）
谷本有美子　3,500 円

自治体間における広域連携の研究
大阪湾フェニックス事業の成立継続要因
樋口浩一　3,000 円

グリーンインフラによる都市景観の創造
金沢からの「問い」
金沢大学地域政策研究センター【企画】
菊地直樹・上野裕介【編】　1,000 円

議員のなり手不足問題の深刻化を乗り越えて
地域と地域民主主義の危機脱却手法
江藤俊昭　2,000 円